이쁘지 않았기에 너는 유죄다

백미숙 제3시집

채운재 시선 194

이쁘지 않았기에 너는 유죄다

백미숙 제3시집

서문

시화호 강변을 걷습니다.
자욱한 안개가 꿈결인 양 아른거리는
산책로를 맨발로 걸어갑니다.
하나, 둘 잎을 떨구고 겨울을 준비하는
나무에게서 내려놓음의 지혜를 배웁니다.
내 마음의 정원에도 모든 것을 떨궈내고
그루터기로 서 있는 나무가 있습니다.
자연의 섭리를 어길 수 없는 인생이기에
왔다가 가는 것이 순리겠지요.
겨울이 지나면 새순 돋는 봄이 오기에
아름다운 나라에서의 부활을 꿈꾸며
고마운 모든 님들께 감사와 사랑을 전합니다.
부디 건강하시고 행복하십시오.

2024.11. 늦은 가을에

CONTENTS

서문 … 5

1부 시화호 강가에서

그 남자의 강 … 12
고백 … 13
사랑이라는 것 … 14
와온을 꿈꾸며 … 15
인생 … 16
할미꽃 사랑 … 17
사랑의 유효기간 … 18
나이 … 19
친구에게 … 20
외손주 … 22

울 사위, 김서방 … 23
언니, 그리고 할머니 … 24
마음, 그리고 선물 … 26
시화호 강가에서 … 28
사돈 · 1 … 29
사돈 · 2 … 30
그냥 덮어 둘 일이지 … 31
친구에게 … 32
힌남노 … 34
발정기 … 36

2부 장독대 연가

천의 얼굴(목백일홍) … 38
갯버들 … 39
매화 … 40
벚꽃 아래서 … 41
자목련 … 42
능소화 … 43
해바라기 … 44
달리아 … 45
사랑 … 46
장독대 연가 … 47

시화호 낙조 … 48
만추 … 49
소공원을 걸으며 … 50
찔레꽃 … 51
산세베리아 … 52
시화호 낙조 · 2 … 53
시화호 · 3 … 54
꿈의숲 시화전 … 55
경복궁역 시화전 … 56
안양천에서 · 7 … 57

3부 추억 또 하나

너와 함께 … 60
동창이란 이름 … 62
그날 후(세계 잼버리 대회) … 63
애월, 그 바닷가 … 64
몽돌처럼 둥글게 … 65
신이 되던 날 … 66
카페 연이랑 … 67
손잡고 함께 가자 … 68
추억, 또 하나 … 70
당신의 생일 … 72

별 … 74
가을 예찬 … 75
눈꽃 사랑 … 76
가을을 줍다 … 77
가람 이병기 문학관 … 78
제천 문학기행 … 79
쉼 … 80
남편 … 81
시가 익어가는 · 2 … 82
목디스크 … 83

4부 그대! 아직도 내 사랑인가

아직 거기 있나요? · 1 … 86
여로 … 88
안부 · 1 … 89
안부 · 2 … 90
다시 찾은 복낙원 … 92
가을이 떠난 자리 … 94
이순耳順 … 96
암 병동에서 … 97

스며든다는 것 … 98
아토 … 100
야심성유휘 · 2 … 101
청산도 … 102
점 빼기 … 104
그날, 나는 거기 있었네 … 106
너에게로 가고 싶다 … 108

5부 이쁘지 않았기에 너는 유죄다

이쁘지 않았기에 너는 유죄다 · 112
이중 생활 … 115
이런 이야기 … 118
양평 이야기 … 120
칭찬합니다 … 122
가을이 우려낸 풍경 … 124
감사합니다 … 127

언제나 늦은 것, 후회 … 128
세브란의 병동에서 … 130
이제는 호스피스 병동으로 · 132
아직 거기 있나요? · 2 … 134
당신을 보내며… … 136
하늘에 띄우는 편지 … 140

에필로그 … 142

1부

시화호 강가에서

그 남자의 강

세월이
휩쓸고 간
옹이진 흔적들이

검버섯
꽃을 피워
온 산에 만개했네

아직도
출렁이고픈
예순아홉 그 강가

고백

일상이 헛헛할 때
바람마저 무거울 때
그림자 동무하여 산길을 걷는다
그리움도 숨죽이며 뒤따라온다

듣는 귀 순해진다는
이순에 들었건만 여전히
윙윙 우는 바람 소리 요란하다

저 산 넘어가면 에덴의 동산일까
명치끝 아픈 날들, 그곳에선 없는 걸까
쌓아 둔 눈물을 한 움큼 묻어두고
올려다 본 하늘도 눈시울 붉다.

사랑이라는 것

대문 앞 택배 상자가
안부를 묻습니다
구수한 된장 향이
봄나물을 부르네요

가끔은 흔들리며
더러는 춥고 외로운 길
혼자가 아닌 함께라는
믿음의 증표로 힘이 납니다

어느새 눈망울 가득
진주 방울 맺혔는데
고마운 남녘들에도
봄이 오고 있나요?

♡ 2024. 2.15. 사촌 동생의 택배를 받고 ♡

와온을 꿈꾸며

어쩌다 비 오시니 버선발로 마중한다
알몸을 들켜버린 산천초목 생각하니
더디오신 임을보듯 늦은 빗줄기 야속하다

이불처럼 포근한 낙엽 쌓인 산책로에
먼지 털어낸 3월은 싱그런 첫사랑이다

더러는 바람불어 흔들리며 걸어온 길
자갈밭 묵정밭 가시덤불 헤쳐온 길
돌아보니 기울어진 고목 한 그루 서 있다

아직도 사랑이 뭔지는 모르지만
진리아닌 진리같은 그 말을 생각한다
사랑은 전무가 아닌 전부여야 한다는 그 말을.

인생

수리산 위용 앞에 몸 낮춘 새벽안개
구릉 져 흐르다가 여명에 사라지네
인생도 풀의 꽃이니 잠시왔다 가는 것

사랑은 주는만큼 곱으로 돌아오고
인연은 가꾼만큼 끈끈한 정이되는
인생사 숨은 그림책 해답찾아 삼만리

할미꽃 사랑

겨울의 끝자락을 눈물로 배웅하고
새봄은 조록조록 수인사 건네는데
해장국 사이에 두고 마주앉은 친구야

고래 등 만석꾼이 아니면 어떠하리
할미꽃 숙인허리 애잔한 나이지만
반백의 세월을 건너 소녀같은 꽃이여

계절은 질서대로 갈 길을 재촉하고
인생도 순리따라 본향을 향해가고
하늘의 별이 되어도 함께빛날 벗이여!

사랑의 유효기간

시월의 하늘은 출렁출렁 그리움이다
온 산야 붉은입술 눈길마다 사랑이다
이순의 문을잡고 흔들리는 내 마음

세월은 녹슬어도 상고대 서리 내려도
마음만은 이팔청춘 숙성되어 가는 것
눈 감는 그날까지도 사랑은 유효하다

나이

불현듯 돌아보니
어머니라 불리고 있다
간호사도 점원도
어머니라 부른다

달려온 길보다
가까워진 종착역에서
녹슨세월 부정해도
흰 머리카락이 증언한다

경로석도 흥 되잖고
부끄럽도 무장해제
흑백사진 속, 홍안 소녀는
여전히 봄날이다.

친구에게

봄인지 겨울인지 꽃샘추위
매서운 봄의 초입입니다
가만히 있으려 해도 계절은
등 떠밀어, 또 한 절기를 보내며
아쉬운 이별 앞에서
마음 울컥합니다

반가운 수인사를 건네는 손길
따뜻하여 고맙습니다
잊지 않고 먼 길 찾아와 준 발걸음이
고마워서 종착역에 닿는 순간까지 늘
행복하기를 맘속 깊이 기도합니다

하늘빛 깊고 푸른 날
온 산야 붉게 타는 그날에
우리 다시 만날 수 있기를
늘 맘에 있지만 입속으로만 웅얼대던
아껴둔 말들을 떨어지는 단풍처럼
쏟아낼 수 있기를 소망합니다

그때까지 부디 안녕하기를
참 좋은 나의 벗이여

외손주

떼를 써도 잠투정도
이쁘기만 한 우리 아기

그 작은 엉덩이로
방귀 뽕뽕 뀌고 나면

샤넬 No5, 온 세상에
백만송이 장미꽃 피네.

꼬꼬닭 아줌마랑
한바탕 씨름하고

엄마 쭈쭈 입에 물고
사르르 잠이 드는

분명 하늘의 천사일 거야
사람일 리 없다니까.

울 사위, 김서방

수호의 천사인가 축복의 화신인가
하늘의 태양같이 밤하늘 달빛같이
어둠 속 야심성유휘 우리들의 빛난 별

돈 많아 행복이요 없다고 불행인가
좋은 일 궂은일도 나누며 가족이지
열아들 부럽지 않은 통근 아들, 울 사위

올봄엔 큰일 많아 가슴도 쓰렸지만
비온 뒤 굳어지는 단단한 마음으로
꽃진 뒤 푸른 잎 돋듯 새 희망가 부르세

언니, 그리고 할머니

상고대 서리 내리고
닫혀버린 내 창문 앞에서
바람조차도 망설이지만

즈믄 년, 고목에 새 순 돋듯
찬란한 유월의 선물 가득안고
찾아온 내 사랑아!
너로 인하여
날마다 기쁨이고 기적이구나

이제 막 말을 배우며
언냐! 언냐!
불러주니 얼마나 고마운지
얼마나 황홀한지
할머니라고 가르쳐도 소용없기에
애써 고치려고 하지 않으마

이순이 넘은 이 나이에
콩순이와 새요랑 친구가 되고
뽀로로와 루피랑도 친해졌으니
너와 나 소꿉친구 절친이 되었구나

그저 지금처럼
어두운 세상 밝히는 보석으로
주님의 햅시바*로 자라가렴
이 세상이 다 없어질지라도
마지막까지 남아있을 사랑
그 위대한 사랑으로…

사랑해!
우리의 아기천사 젬마야

* 햅시바 : 기쁨

마음, 그리고 선물

갈바람 갈팡대는
여수의 밤바다에는
단풍보다 붉은 사연들이
술렁술렁 흐른다

천만년 전부터 그래왔던 것처럼
오늘도 우리의 발이 되어 준
오산의 고마운 친구야

친구를 시인으로 두다 보니
전에는 예사로 보던 것들도
이제는 눈여겨보게 된다며

수줍은 듯 건네주던
얼굴 빨개진 시집 한 권

커피 자국 얼룩진
책장을 넘길 때마다
헤이즐넛보다 진하게 다가오는
넉넉한 너의 심향心香

어이하랴!
가을의 문턱에 서서
홍시 보다 더 붉어진
내 마음을.

시화호 강가에서

당신이
떠난자리
개망초 지천이네

강변에
해당화는
피멍울 토해내고

누구의
그리움인가
터질듯한 보름달

사돈 · 1

나란히
자식 하나씩 나누어 가진 우리
기울것도 넘칠것도 없어서 좋습니다
멀다고 생각하면 하늘보다 멀어지고
마음바꿔 생각하면 친구같고 형제같은

가만가만
몸 낮추어 가슴으로 품어주고
비가오면 우산되고 폭염 속 그늘되어
멀고도 가까운 듯 그렇게 살다보면
세상 옷 훨훨벗고 흐르는 날 오겠지요

우리의 공통분모
젬마의 손 마주잡고
참 아름다운 인연 감사했노라
환히 웃는 날 있겠지요

사돈 · 2

여자 생일이 정월이라며
복사꽃 처럼 얼굴 붉히며
소주 잔 앞에 놓고
걸어온 길 들추시니
가시밭길, 너덜겅길
함께 눈물 훔칩니다

올려다보면 고개 아픈 인생
있는 것에 감사하며 스스로
자족하며 자식들 걱정 없으니
이만하면 넉넉한 삶

사돈!

손녀재롱 보시면서
날마다 꽃길 되세요
이제는 울지 말아요
봄볕이 이토록 따스운걸요.

그냥 덮어 둘 일이지

자작자작
겨울비 내리고
나는 엎드려 책을 읽는다

이미 고인이 되셨을
우하 서정태 님의

　그냥 덮어둘 일이지

바람처럼 학처럼 노닐다 가신
90세 노옹의 삶을 들여다보며
귀 따갑고 속 시끄러운 세상에서
대나무 잎에 사운대는 숨소리도

그래
그냥 덮어둘 일이다.

* 서정태 시인 / 미당 서정주 시인의 동생

친구에게

들꽃 한송이에도 행복했던 시절 있었지
떨어지는 낙엽에 눈시울 붉히며
논두렁 걸어 하교하던 길
저녁노을은 왜 그리도 붉었던지

상고대에 서리 내리고
머잖아 종착역에 도착할 우리
얼마나 더 아등바등 쌓아 두어야
그때처럼 행복할 수 있을까
얼마나 더 눈물 흘려야
깊은 심연의 호수를 볼 수 있을까

10월!
눈이 시리도록 푸른 오늘
너와 함께 밥을 먹고 안양천을 걸으며
저 하늘을 날아오르는 송골매 연처럼
무량의 그리움 하나 마음 판에 새겨 넣는다

옆에 있어도 그리운 참 좋은 친구야!
우리 건강하게 그리고 달콤하게 익어 가자
생일 축하해
그리고 많이 사랑해!

* 용란의 생일날에

힌남노

실시간 뉴스에
큰 놈이 오고 있단다
꽁꽁, 문부터 걸어 잠그고
밤새 윙 윙
울어대는 어두운 세상에서
선잠에 뒤척인다

폭우와 가뭄, 대형 산불에
지구촌은 몸살을 앓고
이미 사람이 살 수 없는
임계점을 넘었다는 위태로운 지구

스담스담, 토닥토닥
지금이라도 예뻐해 주면
노여움 풀어질까

한가위 며칠 앞두고 마음은
정신없는 탱자가시 묵정밭이다
그렇게 비를 뿌리고도
아직도 새벽 골목을 두드리고 있는

너는 염치도 없니?

발정기

후두득 소나기에 화들짝 깨어보니
빗방울처럼 흩날리는 혼신의 울부짖음
고요한 골목 안에 광기처럼 흐른다

어쩌면 갓난아기 울음 같기도
망자를 보내는 마지막 통곡 같기도

이 생애엔 오늘이 끝이라도 된 듯
마지막 열정 다해 과업을 완성하려는
야묘夜猫들의 절박한 울부짖음에

누가 단잠을 깨운다고
너희를 나무랄 수 있겠니

그저
종족보존에 충실한
창조주의 섭리인 것을

천의 얼굴(목백일홍)

사랑채 뜰에피어 청렴의 표상으로
속옷 다 벗어놓고 하얗게 살라하네
청백리 선비의 도를 묵언수행 하는 너

한 뿌리 한 나무에 이웃한 자자지촌
동행은 선先이 아닌 원圓이라 했다는데
둥글게 살아가는 법 온세미로 피는 법

전신이 성감대라 미풍에 간질간질
오뉴월 낮 뜨거운 백주의 정사라니
걸친 옷 벗어던지고 사랑놀이 뜨겁다

갯버들

오가던
산책길에
애정하던 내 시선을

아는지
모르는지
눈길 한번 안 주더니

옹알 옹알
봄 햇살에
터져버린 풋사랑

매화

채송화 꽃잎같은 자잘한 입술모아
호젓한 호숫가에 하르르 봄 한철을
나비로 날아오른다 아픈만큼 예쁜 너

몰래한 짝사랑은 얼마나 외로운가
살짝궁 입맞춤한 이 마음 들켰을까
심장은 두방망이질 가빠지는 내 숨결.

벚꽃 아래서

아껴둔 이야기가 분분하게 흩어진다
악착같이 붙잡고 온 생의 끝자락
손바닥에서 스러지는 눈송이 같다

불현듯 돌아보니 남은 장사 아닌가
빈손으로 왔다가 사랑 가득 남겼으니
아쉽지도 서운치도 짐 가벼워 좋은 것을

한번 왔다 가는 것은 하늘의 법칙인데
환한 미소로 마중하실 내 임을 그리며
이제는 돌아가야 할 내 본향 아버지 집

자목련

봄햇살 쏟아지는 해사한 오후
그냥 보내버리기 아까워
소공원을 몇 바퀴 째 돌고 있다

하늘과 땅
바람 소리, 새소리
자목련 화알짝 터지는 소리
세상이 온통 빨갛다

심장에 홍등 켜지고
호흡 뜨겁다
사랑이다

짝사랑
그것
해 볼만 하다

능소화

그래서 니가 좋은 거야

잊으려 하지 않아도 좋을
기억 속에 각인된 설렘
긴 목 빼고 하루 종일
담장 너머 님 기다리던
첫사랑 너의 홍안처럼

징하디 징한
아린 그리움.

해바라기

아직은
노르스름
설익은 풋사랑에

까맣게
타는 속내
들키고 말았다네

온종일
바라만 보다
숯이 되는 사랑아

달리아

고향집 담장밑에 피고지던 달리아
오늘은 내 정원에 한들한들 피었어요
뜰 안 가득 피어나는 고향냄새 울 엄마냄새

마음만 먹으면 달려갈 수 있는 길
부모님 안 계시니 하늘만큼 멀어라
저 꽃 다 지고나면 그때쯤엔 잊어질까

사랑

진달래 스러진 길 외롭다 울지마오
진홍빛 영산홍꽃 붉은미소 눈부신 길

손잡고 걷던 강변 자국마다 사랑인데
그대없는 텅 빈 하늘 적막강산 눈물이라

가슴찢는 허물벗기 아픈사랑 일지라도
달고도 오묘한 사랑 한번쯤은 해보고픈

장독대 연가

새하얀 치자꽃이 까르르 벙그는 곳
폭폭한 살림살이 묵묵히 받아주던
어머니 하늘이었던 뒷마당의 장독대

구수한 사투리가 차지게 피어나고
어머니 버선발로 뛰어와 반겨주던
그리움 펌프질하는 어머니는 마중물

시화호 낙조

거대한 자연앞에
엎디어 숨죽이고

선혈 낭자한
서녘하늘 우러를 때

용서 못할 자를 용서하라
사랑 못할 자를 사랑하라

하늘 가득 물들이는
대속의 보혈
가없는 십자가 사랑!

만추

담쟁이 잎 불그스레
추색은 깊어

일렁이는 황금물결
춤추는 만추

입동지난 산야마다
색동옷 어여쁜데

고개숙인 농부마음
앞서 달리는 자식사랑

소공원을 걸으며

겨울은 길을잃고 절기도 망각한 듯
단풍잎 돌돌말려 병들어 누워있다
지구는 너무 힘들어 만년설로 통곡 중

하얗게 웃어주던 벚꽃길 벤치위에
얼룩진 추억만이 멀쭘히 인사하고
사랑은 늙지도 않고 홍안으로 서 있다

오늘은 그대생각 슬픔도 접어두고
기억을 비워내고 해처럼 웃고싶다
이 겨울 끝나는 자리 희망이다 봄이다

찔레꽃

높다란 언덕위에 십자가 되려는가
가시에 찔린 가슴 붉은 피 홍건하다
나 죽고 그대 산다면 내 심장도 주리라

허리춤 움켜잡고 배곯던 섧은 추억
새순에 꽃잎까지 주고도 모자라는
사랑은 전무가 아닌 전부라는 방정식

산세베리아

너와 나 연초록 꿈 우정이 영그는 곳
햇살이 부드럽게 창문을 두드리면
꽃미남 산세베리아 오염 세상 맑히네

정성을 쏟은 만큼 굳건히 세운 줄기
사랑을 주는 만큼 곱으로 돌아오는
자연 속 숨은 그림책 사랑이란 방정식

시화호 낙조 · 2

불덩이 삼킨 호수 홍안 소녀다
강인지 하늘인지 한 몸 돼 출렁일 때
침잠한 아파트 불빛 반짝반짝 별이다

정열로 밀려왔다 흔적없이 사라지는
그대 손 놓아버린 추억보다 허망하다
어둑한 강물속에서 울먹이는 그리움

찰방찰방 흔들리는 침잠한 도시를
하나, 둘 건져 올려 하늘에 걸어두고
오늘도 무탈한 하루, 감사의 손 모은다

시화호 · 3

물오리 때까치도 포근히 품어주고
하늘의 해도 달도 풍덩풍덩 노닐고 간
늪지대 넉넉한 품은 뭇 생명의 어머니

아파트 현란한 빛 물속에 투영되어
넋 놓고 빠져드는 신비한 황홀경에
삼천년 아틀란티스 부활하는 시화호

실학자 이익 선생 그림엔 단원 선생
소설 속 최용신 등 안산을 빛낸 인물
늦둥이 외손녀만큼 빠져드는 사랑아

꿈의숲 시화전

세상사 접어두고 오늘은 숲이 되네
잠자던 다람쥐도 화들짝 깨어나고
북서울 꿈의숲 정원 출렁출렁 詩 물결.

갈바람 살랑살랑 가슴은 몰랑몰랑
시향에 취했나 봐 사랑에 빠졌나 봐
누군들 오늘 이 자리 사랑하지 않으리

경복궁역 시화전

7월의 땡볕 더위 온몸이 축축하다
구름양산 돼 드리면 오시는 길 시원할까
시화전 짙은 향기가 그 수고를 대신할까

시화전 작품하나 전시하는 일이란
서로가 협력하며 상대를 존중하며
거대한 사랑꽃하나 피워내는 일이다

메트로 미술관에 흐드러진 시의 향기
저마다 개성따라 아리아리 피었어요
갈수록 깊고도 묘한 현대사조 시화전.

* 2022.7.2 경복궁역 메트로미술관 시화전에서 *

안양천에서 · 7

태풍이 휩쓴 자리 그리도 아프더니
오늘은 연두연두 새싹이 몽싯몽싯
산수유 벙그는 입술 살랑살랑 그린비*

겨울이 너무 추워 봄은 내게 사치였죠
피우지 못할 거라 희망 또한 버렸어요
오늘은 들길에 서서 달보드레 봄마중

심장 가득 고인 눈물 강물에 띄우고
눈물 훔친 자리마다 토닥이는 명지바람
봄볕은 시를 쓰느라 옹알옹알 好 好 호!

* 그린비 / 그리운 연인

너와 함께

살인적인 무더위 속 정오를 걸어
우리가 찾아든 곳은 염소탕 집이다.
이열치열이라고 뜨거운 탕이 앞에 놓이고
"천천히 많이 먹어라"
큰언니같은 친구의 말에 목이 멘다.

너도 나와같은 고통의 시간이 있었지만
그때 나는 너처럼 위로가 돼 주지 못해서
정말 미안하다.

"언제나 웃던 얼굴인데 인상이 변했구나.
예쁜 얼굴에 인상 쓰지 마라.
그때 당시는 죽을 것 같아도 지내놓고 보면 아무것도 아니더라.
다 지나간단다."

어제 네가 했던 말에 많은 위로가 되는구나
"그래! 맞아 다 지나가겠지…"

뜨거운 뚝배기에 담긴 염소탕 보다 더 마음 뜨거운 내 친구야
늘 사랑하는 거 알지?
언제나 고마워!

동창이란 이름

상고대 내려앉은 반백의 세월 속에
홍안의 소년, 소녀 하얗게 웃고 있다
참이슬 한 잔으로도 촉촉해진 옛 추억

저녁답 노을속에 소 몰고 돌아오던
땡그랑 풍경소리 산기슭 넘어가고
굴뚝엔 엄마의 사랑 몽실몽실 폈었지

세월이 무심타고 탓할 일 아니구나
바쁘다 핑계하던 푸석한 유년의 뜰
이제야 뒤돌아보는 깨복쟁이 벗이여!

그날 후(세계 잼버리 대회)

카눈이 휩쓸고 간 발자국 깊은흔적
농부의 피와 땀을 어디서 보상받나
뻐꾸기 구슬픈 가락 통곡소리 애닮타

곰팡이 난 계란이랑 턱없는 바가지로
세계의 집중 이목 한 몸에 받았으니
이름도 무색하구나 세계대회 잼버리

이지경 될 때까지 저들은 무얼했나
서로가 책임회피 지랄도 가지가지
그래도 놓을 수 없는 우리나라 이 민족

애월, 그 바닷가

파도같이 출렁이던 삶의 잔해가
포말처럼 하얗게 밀려올 때면
목적지도 없는 길을 걷는다
그러면서 생각한다
인생은 때로는 바다를 닮았다고

가랑가랑 새우비 내리는데
하얗게 부서지는 포말을
해변가에 조용히 내려놓고 돌아간다
갈매기만 기룩기룩 울며
창문을 가로질러 날아가고
더 이상 바랄 것 없는 평화로운 아침이다

남은 여생도 이랬으면 좋겠다
비바람 풍랑이 없을수는 없겠지만
그럴지라도 마음 속 고요 잔잔한
평안한 날들이었으면 좋겠다

몽돌처럼 둥글게

계절은 거짓없이 가을을 열어주고
울긋불긋 단풍든 손 여전히 아름답다
숨 가빴던 시간속에 쉼표 하나 찍는다

치켜든 술잔위에 모락모락 피어나는
낯익은 편안함과 동기같은 친밀함은
헤어져 있어도 만남의 연속임을 알게 한다

다시 보자는 카톡 문자
설렘인가 희망인가
가을이 지는소리 이토록 황홀한데

신이 되던 날

제주행 몸을싣고 하늘에 올라보니
꼭 쥐고 애정하던 모든 게 허무로다
수십억 아파트 건물 점 하나로 남는다

하늘에서 내려보니 나 또한 신이 되네
교만한 빌딩들은 키재기 자랑하고
바벨탑 쌓아가던 삶 수고로움 뿐이라

땅에만 내려오면 또다시 과유불급
영혼을 위한나라 영원한 하늘나라
욕심을 내려놓으면 신이되는 그 나라

카페 연이랑

윤슬같은 그리움이 반짝이는 곳
이곳 제주가 외롭지 않은 이유는
올망졸망 사랑이 여기 있기 때문이다

3800평 정원에 400여 종의 식물과
야산을 낙원으로 일궈낸 주인장의
수고의 향기가 뜰 안 가득 팔랑이는
어머니 품속같은 아늑한 노스텔지어

새소리 맑은공기 익어가는 홍엽들
세속의 출렁거림 잠재우는 커피향
가을타는 할미꽃, 미소가 수줍은 곳
제주정원 연이랑에 혼저 옵소예!

손잡고 함께 가자

오랜 세월
서로 다른 시간속을
살아왔을지라도
묵은 된장같은 깊은 정 담은 밤
소담소담 정겹다

은하수를 볼 수 있을까
기대했던 하늘엔 가을비
오락가락 쓸쓸하기만 하다

제각기 다른 인생
굴곡진 삶일지라도 우리는
인생을 나누며 삶을 공유하며
부끄러움도 숨길 것도 없는
이 밤이 참 좋다

친구들이여!
어떤 운명이 우리를 기다릴지
알 수 없는 미래이지만

더 이상 시간을 탓하지 말자
우리가 살아 있기에
지나가는 바람에게라도
서로의 안부를 물으며
모시밭 같은 따사로움 나누며
세월 속에 붉은 단풍처럼
곱디곱게 익어가자

코스모스 만개한 가을 들녘은
빨간 고추잠자리 날갯짓으로
더 아름답듯이…

너와 나
우리가 하나될 때
심장은 뜨겁고
미래는 희망으로 빛날 것이니
하늘이 부르는 그날까지

친구야!
우리 손잡고 함께 가자.

추억, 또 하나

오래전 묻어 두었던
추억하나 꺼내어
그대에게 가는 길에
꽃바람 붑니다

낭송을 배우며 차를 마시며
인사동 골목을 누비던 날들이
어제인 양 또렷하여 싱그럽네요
이제는 각자의 자리에서
배움을 나누며 후학을 기르며
시처럼 살아가는 멋진 벗이여!

작금의 우리 봄은
무슨 색일까를 생각합니다

산수유 노란 꽃망울
톡톡 터져 오르듯
우리의 우정도 아득한 그리움으로
몽실몽실 피어나기를

우화를 꿈꾸는
노랑나비의 날갯짓으로
우리의 봄이 출렁입니다
참 좋은 친구여!
그대는 봄보다 찬란합니다

당신의 생일

한철 피었다 지는 꽃은
아무런 약속도 하지 않습니다
다음이란 말도 아껴둡니다
하여 기다릴 필요도 없지요
다만 땅에 묻어둔 흔적은 남아서
싹을 띄우고 사랑으로 피어납니다

오늘 우리가 모인 것은
서로에게 잊히지 않기 위함이지요
종잡을 수 없는 인생사
내년에도 또 내년에도
케이크에 촛불을 켜고 소원을 빌며 그저
오늘처럼 여여한 날이기를 바랄뿐입니다

벼랑 끝에서 조심스레 핀 꽃이
더 아름답고 향기롭듯이 위태로운
날들일지라도 온 힘 다하여 피었다가
뒤돌아보지 말고 지는 꽃이 되기로 해요
오늘처럼 이렇게

서로의 가슴에서 지지 않은 한송이
꽃으로 남기로 해요

가시버시로 살아온 날들
고맙고 감사합니다
하나님이 우리에게 주신 최고의 선물
아들보다 든든한 우리의 사위와
심청이보다 효심 깊은 우리 딸과
우리의 영원한 기쁨, 손녀 젬마와 함께
건강하고 행복하길 비손 합니다

당신의 생일을
맘대해 축복하며
全心으로 축하합니다.

별

갈월산 꼭대기에 총총한 푸른 전설
복잡한 도심 피해 깊은 골 숨었을까
허기진 그리움으로 억만년을 피는 꽃

밤이슬 품은 바람 궁창문 활짝 열어
초망 위 진주 구슬 알알이 맺혔는데
여명에 취한 달님은 구름 위로 눕는다

가을 예찬

세속의 출렁거림 침잠하는 산골짝에
마음속 상념들이 순연하는 슬로우 쿡
만 가지 진수성찬이 손짓하는 가을 산

먹어도 먹잖아도 배고픔이 없어라
새소리 맑은 공기 낙화하는 홍엽들
하나님 붓끝 사이로 피어나는 별천지

달인지 해님인지 정겨운 둥근얼굴
가을 타는 한 소녀 서성대며 걷고있다
아득한 노스텔지어 가슴가득 안는다.

눈꽃 사랑

긴~긴 겨울밤에
화알짝 피었다가
방긋한 아침 햇살에
사르르 녹고 마는

아쉬운 그 모습
그 느낌 잊힐까
가만가만 바라보다가
이제서야 알게 됐네

웅크린 바람에도
흔들리는 사랑은 얼마나
위태롭고 위험한지를.

가을을 줍다

참새들 포롱포롱 노니는 채전밭에
토마토 땡고추도 립스틱 붉어지면
소담한 화분 속에서 만석의 꿈 줍는다

들녘엔 황금물결 은총의 그라시아
당신의 날개 아래 안식을 준비할 때
저녁답 교회 종소리 은혜로운 하루여!

가람 이병기 문학관

현시조 씨앗이 된 이병기 문학관에
현판에 새겨있는 절절한 애민정신
칼보다 강한 펜 들어 나라 위해 싸우다

평생을 후학 교육 시조에 쏟으시고
옥살이 마다않고 올곧게 살다가신
익산의 영롱한 별빛 가람 숨결 뜨겁다

승운당 초가지붕 대나무 사운사운
꽃 없는 땡자나무 가시만 청청한데
못다한 아쉬운 노래 시가되어 흐른다

제천 문학기행

뉘라서 신묘막측 빚은 솜씬가
충주호 기암괴석 절경이로세
제천은 그리움의 시가 되었네

산 좋아 물이 맑아 이곳이 무릉도원
참이슬 한잔에도 춤추는 단양팔경
가을이 만건곤하니 취해본들 흉 될까

시월이 아람아람 여물어 가요
우리도 국화향기 시향 피우며
한폭의 풍경화로 스며들어요

쉼

북한산 등에 업고 새 인생 펼치시는
종심의 신혼부부 전설같은 행복일기
선생님 훤한 신수가 부럽기만 하던 날

개구리 개골개골 반가워 인사하고
따뜻한 차 한잔에 나누는 정겨움에
북한산 정기받는 날, 회춘하기 좋은 날.

남편

사랑도 속마음도 무심한 듯 감춘세월
온몸에 단풍들어 속절없이 낙엽지네
잔기침 쿨렁거림에 젖어드는 측은지심

엎치락 뒤치락 뒤뚱대던 세월속에
석양길 뉘엿뉘엿 본향 집 바라보네
가는 길 후회 없도록 품어야 할 여생 길

시가 익어가는 · 2

하늘엔 여전히
휘영청 달 밝아

귀뚜리 귀뚤귀뚤
이제는 가을이라고

지지고 볶아대는
아랫마을 상관없이

구름따라 흐르는
여여한 평화로움

나는 달 너는 별
흐르는 바람되어

하늘가득 새겨보는
못 잊을 그리움 하나

목디스크

거리두기 풀렸다고
좋아할게 아닙니다

요리저리 핑계하며
거절도 못합니다

쇠뚜레 꾀이듯
의지 없이 끌려다닙니다

나는 없어지고 무슨 무슨
장 자리, 명함만 떠다닙니다

몸 낮춰 들어간
MRI 통속에 누워

불현듯 겸손하라는
하늘의 소리 듣습니다.

4부

그대! 아직도 내 사랑인가

아직 거기 있나요? · 1

염병할
빨랫줄 하나 매달아 달랬더니
내일~ 내일~~ 날만 잡다가
짐 싸들고 병원으로 숨어버린

자븐자븐 노끈을 새끼줄 꼬아
주인잃은 허공에 매달아 놓고
꺼억꺼억 목청 껏 울어도 좋을
눈물같은 쪽빛하늘 올려다 볼 때
헐떡이며 들려오는 숨찬 목소리

"허 어 ~~
이 사람아
내가 나으면 다 해준다는데도
성질 급하긴."

짧아져서 죽을만큼 미안한
가을 햇살 붙잡고
악다구니로 버티고 있는
시린 단풍잎 하나

당신!
아직 거기 있나요?

여로

가는 겨울은 가게 두어라
오는 봄도 오게 두어라

꽃은 꽃이기에
어여삐 한 때 피었다가 지고
풀은 풀이기에
이, 저리 흔들리다 스러지는 것

마냥 꽃피고 아름다울까
마냥 초록빛 푸르기만 할까

기우는 것 어쩔 수 없어
함께 기우는 당신.

안부 · 1

여명의 촉촉한 길이 싱그럽습니다
하늘은 벌써 저만치 높아지고
부지런한 뻐꾸기 아침을 깨웁니다
정직한 자연 앞에서 창조주 하나님의
위대하심을 보며 조용히 주님께 기도 올리는 아침!
나라와 민족과 교회와 환우들과 나의
사랑하는 인연의 평안과 구원을 위해
그리고 어제 다시 이런저런 이유로
단원병원에서 안양 샘병원으로 이원한
저 양반을 위해 비손합니다.
날마다 푸르고 높은 저 하늘처럼
우리의 삶도 청명하고 맑기만 하다면 얼마나 좋을까요?
그러나 그리 아니하실지라도
여전히 나의 주, 하나님 아버지를
의지하고 신뢰하는 마음 큽니다.
오늘도 언제나처럼 여여한 하루 보내십시오.
많은 사랑을 담아서♡
샬롬!

안부 · 2

새벽이 살며시 눈뜨는 시간
띠리릭 대문 열리는 소리에 황급히 나가보니
점퍼에 모자를 눌러쓴 그이가 서 있습니다.
"어디 갈려고요?" 묻는 나에게
"출근해야지" 대답합니다.

"ㅇㅇ아빠! 이제 출근 안 해도 돼요.
이제 겨우 5신데 좀 더 자요."
한참을 멍하니 서 있는 그이를 침대에 눕히고
그이가 불쌍해서, 고마워서, 미안해서
속으로 한참을 울었습니다.

안양에서 구로동까지
그 먼 길을 오토바이에 의지하여
비가 오면 비를 맞고 눈이 오면 눈을 맞고
얼마나 추웠을까? 얼마나 힘들었을까?
술 먹고 다닌다며 속만 긁어 댔네요.

오래 잊고 있었던 고마움을 당신께 전합니다.
가상과 현실 세계를 오락가락하면서도
오랜 시간 그랬던 것처럼
출근 시간을 용케도 기억해 내는 당신!
정말 수고 많았어요.
당신의 뼈를 깎는 수고 덕분에
한평생 별 고생 없이 살았습니다.
이제는 훌 훌 털어버리세요
가난했지만 행복했던 그때를 추억해 봐요.

올겨울 마지막 하늘의 선물이
수리산 가득 하얗게 내렸습니다.
시간이 멈춰버린 당신의 정원에도
아롱아롱 새봄이 오고 있나요?

* 세브란스병원 25차 항암을 마치고 *

다시 찾은 복낙원

젖과 꿀이 흐르던 에덴동산을
불순종함으로 잃어버리고
땀 흘려 수고하여도 충분하지 않은
보상은 우리를 슬프게 했다
불순종의 형벌은 엉겅퀴와 가시를 냈고
낙원을 잃어버린 우리는 실낙원을
방황하며 울어야 했다

그렇게 잃어버린 낙원이 여기 있었다

오랜 세월 끈끈하게 달라붙어 떨어지지 않던
딸의 비염이 도착한 다음날부터 멈춰버린
깨끗하고 신비로운 제주도
온 산하에 반짝반짝 빛나는 산천초목과
거울처럼 투명한 햇빛과 끊임없이 노래하는
제주의 푸른 바다, 청량한 노래로 아침을
열어주던 수많은 산새들
우리가 잃어버렸던 복낙원이다

산달을 한 달 남겨둔 배불뚝이 딸과
몇 차례의 항암으로 이미 할아버지가 돼버린
옆지기 남편과 효녀 딸만큼 마음 넉넉한 사위와
9박 10일의 긴 여행은 오늘을 끝으로
내일부터 일상으로 돌아갈 것이다

3년 후에 다시 와서 그때는
한 달 살기를 해보자는 딸의 말에
진심을 담아 그러자고 대답했지만
사람의 생, 사, 화, 복을 장담할 수 없는 일이니
입안이 다 헐어 먹는 것도 걷는 것도
힘들어하면서도 묵묵히 견뎌내는 남편과
잘 다녀오라며 여기저기서 용채를 찔러 넣어준
고마운 손길 위에 주님의 크신 축복이
함께 하시길 기도하며…

제주 안녕!

* 2022. 4/26 ~ 5/5. 가족여행 *

가을이 떠난 자리

잔기침 쿨럭이며
종이호랑이처럼
안방 지킴이 자처하며 누워있더니
이사 간 병원에서는 살만한가요

혼자인 밤 싫어
대문에 보조키 덧대 달고
허전함도 이중자물쇠로
빗장 채웁니다

뚜벅뚜벅
계단을 오르는 소리
혹여 당신인가요?

언젠가는
더 이상 기다림도 소용없는
오직 깊은 그리움만
남을 날 오겠지요

그때에는
세상 미련 툴툴 털어 내고
저 낭자한 가을 속으로
노을처럼 스러져 가겠습니다

당신이 그랬듯이.

이순耳順[*]

이제는 여자도 아니라고 생각했어
텅 빈 가슴 끌어안고
인생도 끝인가 우울했어

뭔가를 시작하기엔
너무 늦은 듯 얘매하고
뭔가를 포기하기엔
너무 이른 듯 어정쩡해

술은 반 만 취해야 흥에 겹고
꽃은 반 만 피어야 예쁘다지만

아직도 접었던 꿈이 꿈틀 대기도
더러는 살포시 가슴 뛰기도…

나 아직 여자인가 봐!
나 아직 살아 있나 봐!

[*] 이순 / 60세

암 병동에서

하룻밤에도 몇 번을
폈다가 졌다가

이승과 저승을
수없이 넘나들어도

가물가물 촛불 바라보며
내가 고작 할 수 있는 일

이마 한번 짚어 주는 거
이불 당겨 덮어 주는 거

스며든다는 것

출가한 딸이 독도 도화새우를 보냈다
새우 소금구이는 소금이 중요하다며
신안 천일염도 함께 따라왔다
아빠 드시고 힘내라는 말과 함께
솔찬히 비싼 거라는 말도 덧붙인다
도화는 쪽빛같은 알을 품고 있다
불현듯 안도현의 스며드는 것이라는
시가 떠오른다

알을 품고 잡혀 온 어미 게는
등에 간장이 벌컥벌컥 쏟아지고
자기 등껍질이 짜디짠 간장 속으로 녹아들 때
본능적으로 알을 보호하려고 더 낮게 더 낮게
몸을 웅크려 알을 품었을 것이다.
간장에 눈도 뼈도 녹아들고
자기의 힘으로는 아무것도 할 수 없음을
안 어미 게는 조용히 알들에게 말한다

"저녁이야
불 끄고 잘 시간이야"

가슴 가득 수많은 알을 품고 있는 도화새우야
넌 어쩌다가 잡혀서 여기까지 왔니?
새우를 여러 번 만지작거리다가
냉동실에 넣어 둔다
툭툭 털어지는 눈물과 함께…
오늘은 오늘만은
너를 먹을 수 없을 것 같다.

아토
-선물-

날 닮아 귀욤귀욤
엣지있는 핸드백과
거목같이 든든한 사위
꽃같이 향기로운 딸
돌맞이 보배 외손녀는
내 인생 최고의 선물이다

하나님이여!
고마운 인연들이여!

까르르 까르르
구르는 낙엽에도 자지러지는
사춘기 소녀처럼
터져버린 웃음보

천하가 다 내것 같은 오늘
얼굴 가득 피어나는 유월의 장미꽃
어쩌죠?

야심성유휘 · 2

봐도 봐도 캄캄한 하늘
살아 있기에 피할 수 없는
생 로 병 사, 인생사

아침마다 하얀 속옷에
피어있는 붉은 꽃
저 악마의 꽃
꿈이였으면, 꿈일거야

해가 지고 밤이 되고
달뜨고 별이떠도
여전히 함께 있으니

그것마저도
고맙습니다.

청산도

바라보는 것만으로도
그냥
눈물이 난다

푸르디푸른 하늘이
시리고 아파 눈물이 나고
반짝이는 물비늘이
상여에 화려한 종이꽃같이
애처롭고 서러워
하냥 눈물이 난다

억만 년의 시간이 만들어낸
그림 같은 청산도에서
바람처럼 새처럼
하늘까지 날아오르고 파

서편제 한 자락 들려오려나
쫑긋이 귀 세우는
슬로시티 청산도에서
모든 것을 버려야 할 것 같아
난 그냥 숨만 쉬고 있다
숨 쉬는 것조차도
미안하고 감사해서

죽은 듯 엎드리며 낮아지고 있다

점 빼기

눈같이 하얀 시트에 누워 점을 뺀다

기계적인 의사의 손끝에서
버려두었던 얼룩진 시간이
따끔따끔 옷을 벗는다

나는 나타샤가 되어
당나귀를 타고 백석을 따라간다
딸랑딸랑 방울소리에 눈송이는
사방으로 흩어져날리고
세상은 온통 사랑이다

레이져 불빛 아래서
눈부신 하얀 통증을 참으며
딸랑딸랑 방울소리 울리며 푹푹
눈 속을 걸어 그대를 따라가고 있다

불편하고 어색한 시간 너머로
피멍든 얼굴가득 피어나는 동백꽃
이 동백꽃 지고 나면
박꽃같이 환한 보름달 뜨겠다.

그날, 나는 거기 있었네

휙 휙
단음 소리와 함께
하늘에서 쏟아지던
회색 분진들

사상도 이념도 모르던
사돈총각은 철창같이 네모진
트럭에 올라타고
아나콘다처럼 긴 몽둥이를 휘두르며
흙먼지 속으로 사라졌다

심장보다 붉은 5월의 장미가
꽃비처럼 날리던 그날
그들의 손끝에서 낙화한
수많은 영혼들
그들은 우리 목숨을 손에 쥔
검은 악마였다

수십 년이 지난 지금도
이모야 이모야 부르던
사돈 오빠의 찰진 목소리는
몽환 속 아릿한 그리움이다

가면 속에 숨어서
아직도 갑론을박 중인
그날의 진실, 그 불편함.

너에게로 가고 싶다

투명한 하늘이
투명한 호수 위로 내려앉은 곳

침묵할 수밖에 없는
서러운 기억들을
바람에게 햇볕에게 털어놓을 때
가벼워지는 몸, 호흡 뜨겁다

여행은
멀리 가는것이 중요한 것이 아니라
누구와 가느냐가 중요하다고

가슴에 하얀 보름달로 출렁이는
그리움 어찌할 수 없어
오늘만 살 것처럼 계획도 없이
떠나온 도피성
우리에겐 숨 쉴 곳이 필요하다

시끄러운 마음
버거운 삶이 출렁이지만
또다시 내려앉아 내일을 장만해 가는

아!
항구가 필요치 않은
마음의 고향 산정호수에
서둘러 가을이 왔다

이쁘지 않았기에 너는 유죄다

감기려니 찾은 동네 종합병원에서 검사는 일사천리로 진행됐다.
코로나 검진 후 엑스레이, CT를 찍은 결과 폐에는 6.3cm의 용종이 들어앉아있다. 이틀 동안 입원을 하고 조직 검사 결과는 그 용종은 이쁘지가 않단다.
이 세상에 모든 것은 이뻐야 하나보다. 그 용종도 이뻤으면 얼마나 좋았을까?
그러나 이쁘지 않았기에 유죄다.

큰 병원으로 가라며 챙겨 준 CD를 들고 분당 서울대병원 대기줄에 선 시간은 착잡하다.
정밀 검사도 없이 CD를 들여다본 의사는 임파선 전이가 2군데 의심된다며 예쁘지도 않은 용종에게 폐암이라는 새 이름을 붙여줬다.

딸은 젊고 인정스러운 교수에게 아빠를 살려달라며 침상을 달라고 읍소로 매달려서 24시간 응급실 대기후에 12층 종합 병동으로 올라왔다.
코로나가 절정인지라 병원은 초만원 병실이 없다.
외래 진료와는 다르게 이틀 동안 여러 가지의 검사를 끝내고 불과 이틀 만에 폐암 4기라는 결과가 나왔다.
이래서 입원을 하려고 그렇게들 혈안이 되나 보다.

종합 병동에 입원한지 10일째지만 암 병동 빈자리가 없어서
퇴원 후 외래 항암을 준비하려고 퇴원하는 날
무슨 영문인지 의사와 소통이 잘못되어
오늘은 안 되고 낼 퇴원하라고 한다.
맘은 급한데 매일 9~10시면 돌던 회진도 12시가 다 되어서야 돌고 있다.
그러던 와중에 빈자리가 났다며 옆 병동인 암 전담 병동으로 가란다.

세상에나 어찌 이런 일이 있을까?
제대로 일이 돼 퇴원해 버렸더라면
또 며칠을 기다려서 외래 항암 순번을 잡을 수 있었을텐데 얼마나 감사하고 다행인지…

이제 경주는 시작됐다.
단거리 달리기가 될지 긴 장거리 마라톤이 될지 모른다.
다만 비법이 있다면 지치지 않고 포기하지 않은 것이다.

낙심하지 말자
슬퍼하지 말자
내일은 또 내일의 태양이 뜰 테니까

낙엽처럼 푸석한 지금의 시간 위로
의로운 치료의 광선이 떠오르면
녹음 짙은 푸르른 날 될 줄을 믿기에
오늘도 여호와 라파!

이중 생활

출가한 딸의 아파트는
호수공원과 인접해 있다

그이가 입원해 있는 병원은
호수공원을 가로질러 걷다가
다리 하나를 건너면 된다
비록 병원에 있지만 가족으로써
가까운 곳에 있다는 것은
서로에게 큰 위안이 된다

연두연두 연한 잎들은 어느새
초록초록 여름을 향하여 가고
푸른 숲길을 천천히 걸으며 꽃을 보고
나물 캐던 유년을 추억하며
할랑할랑 해찰도 하면서
병원 면회를 다니는 길이 싫지만은 않다
겨우 몇 분 얼굴 보고 올 때면 늘 쓸쓸하지만
무거운 마음을 내려놓고 소풍 갔다 오듯
평정심을 유지하려고 애쓴다

일주일 중에 5일은 안산에서 이틀은 안양에서의 이중 살림을 한 지도 댓 달이 돼가고 있다
다시 안양의 내 둥지로 돌아오는 금요일…

뿌연 송화가루 날리는 4월은
잔인한 달이다
바람이 불 때마다 노란 가루가 하늘을 덮고 겨울처럼 다시 춥다
날씨가 왜 이럴까?
냉해 입은 농사는 또 어찌해야 할까?
이런저런 생각에 상심이 깊어진다

집으로 돌아와서 그이의 서랍장을 정리했다
두꺼운 겨울옷들을 깊이 집어넣고 반팔 티를 꺼내 정성스레 예쁘게 개켜 넣으며 내년에도 이 옷을 입을 수 있을지를 생각했다

비가 온다
또록또록 빗소리를 들으며 찬장과 싱크대
수납장을 정리하고 나니 몸은 힘들어도 가벼워진 마음은 가을 하늘 보다 개운하다

그리고…
난 밤새 앓았다
다음 날에도 솔찬히 많은 비가 왔다.

이런 이야기

남편의 품이 그리워 잠 못 들 나이도 지났고
남자가 아쉬운 것도 아닌 이 나이에
불면의 밤은 계속되고 있다.
창문을 열어젖히고 어두운 하늘을 바라보고 있노라면
여전히 떠오르는 동화 같은 추억이 하늘 가득 펼쳐진다.
여름밤 평상에 누워 올려다본 그 많던 별들은 어디로 갔을까?
세상이 하 흉흉하니 꼴 보기 싫어서 숨어 버렸나 보다.

이틀 동안 열이 나고 쓰러진 그이를 동네 병원에 입원시켰다.
2년을 다니던 서울의 대형 병원에서는
더 이상 치료가 무의미하다며 우리를 버렸다.
다시 처음부터 시작되는 피검사, 엑스레이, CT, MRI, 뼈 사진
등 수많은 검사 후 종양 때문에 열이 나는지
다른 원인이 있는지 찾지 못했단다.
방사선을 해보자고 한다. 안 할 경우 숨쉬기가 힘들 거란다.
호흡이 있는 모든 만물은 숨을 쉬어야 살지 않겠는가?
선택의 여지가 없다.
10회 중 4회의 방사선 치료를 마쳤다.
날마다 방하착하던 저이는 다시 희망으로 들썩이는데

코로나에 걸렸단다.
참 복도 많은 양반이다. 좋지도 않은 것들은 그냥 넘어가도
좋으련만…

발이 시리다.
올겨울은 몹시도 추울 듯하다.

양평 이야기

소음과 매캐한 도시의 냄새를 걷어내니
산모롱 넘나드는 자욱한 안개만 남았다.
멀리 상수원 보호구역, 남한강이 보이고
산 중턱에서 고속도로는 공중부양 중이다.
청정구역 초록나라에서의 첫날밤…
별이 총총히 빛나는 밤을 꿈꿨지만
언제나 총총한 별을 출산할 수 없는 이 밤이
서운하고 아쉽다.

별반 할 일도 없는 우리는
늦은 점심 겸 이른 저녁을 먹고 잠자리에 누웠다.
저이는 열이 올랐고 허공에 대고 무언가를
잡는 듯 몇 번 헛손질을 해대며 섬망증을
보였지만 체온을 재보니 걱정 수준은 아니다.

남자이고 싶지만 더 이상 남자가 될 수 없어서 슬픈 저이와 운우지정과는 일찍히 이별을 고한 우리의 밤은 역사도 없이 깊어만 간다.
 저 하늘도 언제나 맑음일 수 없듯이
 인생 또한 언제나 꽃길일 수는 없겠지?

이층에 둥지를 뜬 사위의 쿵 쿵 소리만이
지금이 이른 새벽임을 알리고
아직은 설익은 청포도와 떫어서 살아남은 아사이베리도
방울방울 이슬 머금고
싱싱한 아침이 열리고 있다.

알파와 오메가의 시간이 공존하는
산자수명의 고장!
여기는 양평이다.

칭찬합니다

그러니까 그게 아마 신대방역이였을 거야
내 자리에서 한시 방향으로 앉아 있던
애릿한 한 아가씨가 계속 심하게 졸고 있었어
하늘색 하늘하늘한 치마에 하얀 티를
입었는데 티셔츠 앞부분에는 초승달
문냥이 박혀 있었어
뒷굽이 약간 있는 하얀 슬리퍼는 그녀의
치마에 참 잘 어울렸지
어깨까지 내려온 단발머리는 중간중간 회색
부릿지를 넣어서 이국적이였어
과하지 않은 그녀의 차림은 단아하면서도
세련된 느낌으로 백설공주를 연상시켰지
미녀는 잠꾸러기라고 하더니
무아지경으로 졸던 그녀를 바라보고 있는데
돌연 놀란 그녀가 신대방역에서 화들짝 내리는거야
그리고 건너편에 앉아 있던 청년이 열린 문 사이로
고개를 내밀고는
"저기요~저기요~~"
하며 그녀를 불렀지

하지만 이어폰을 귀에 꽂은 그녀는 대꾸도 않고 가고 있었어
지하철이 출발하려 할 때 그 청년은 하얀 이어폰 케이스를
그냥 바깥 승강장에 내려놓았고 차는 출발해 버린거지
우린 다 목을 빼고 그 광경을 지켜보고 있었는데 누군가가
"가져갔네. 그 아가씨가 가져갔어"
외치는 소리에 안도의 한숨을 쉬었지
그리고 그 짧은 순간에 했던 그 청년의 순발력과 기지와 배려에
감탄했어
마치 독립군 같은 존경의 눈으로 그 청년을 바라보다가
문득 든 생각, 그 청년도 나처럼 앞에서 심하게 졸고 있는
그 아가씨를 관음하고 있었는지도 모르겠다는…
어쨌든 참 뒤끝이 개운했던 잠깐의 경험이었어.
어제 지하철에서 있었던 일이야
　~~끝♡

가을이 우려낸 풍경

10월이 우려낸 하늘은 말갛다.
가을장마 끝난 초가을, 눈이 부신 풍경 속으로
소추는 형형색색의 소리를 데려왔다.
알밤이 익어가는 소리, 벼 낱알 여무는 소리,
스륵스륵 귀뚜리 노래소리,
코스모스 한들한들 가을을 부르는 소리,
내게 다가오는 그리운 그대의 발자국 소리
정겨운 소리 속으로 성큼성큼
가을이 들어와 앉는다.

天高馬肥의 계절이다.
말도 살찐다는 이 가을에 말만
살이 찐다면 나와 무슨 상관일까?
내 영혼이 살이 찌고 내 육신이
강건하여지기 위해서 무엇을 해야 할까?

오늘도 책 속에서 길을 찾는다.
마음의 눈을 열어 바라봄으로 그 속에
수만 갈래의 길이 있다.

그 길은 영혼을 살찌우고 외로울 때 친구가 되어주며
향방 없이 방황할 때 가야 할 방향을 제시해 주기도 한다.

그러나 우리는 책과 이별한지 오래다.
그 자리엔 당당히 스마트폰이 염치도 없이 들어와
주인 행세다.
지하철에서도 길어서도 식당에서도
잠시라도 핸드폰을 손에서 놓지 않고 사는 우리는
어쩌면 뮤즈의 노예가 되어버린
저주받은 세대인지도 모르겠다.
가끔 옆자리에 앉아 있는 젊은이들이 핸드폰을 들여다보며
무얼 하는데 저리도 열심일까 싶어 살짝 건너다보면
게임에 빠져서 무아지경이다.
책을 읽는 사람은 없고 거의가 핸드폰을 들여다보고 있다.
그 중에 더러는 유익한 시간을 보내고 있을 수도 있을 것이다.
그러나 대부분은 쓸데없는 것들로 아까운 시간을 낭비하고 있다.
이런 모습은 요즘 지하철에서 흔히 보는
현시대 우리들의 모습이다.

씨 뿌리지 않고 추수할 수는 없다.

[종두득두 종가득가] 라는 말처럼
뿌린대로 거두고 들어간만큼 나온다.

독서에 계절 이 가을에 뜨겁게 뜨겁게
사랑에 빠져 보자.
몽뚱한 연필을 다듬어 한 줄의 시를 긁적여 보자.
그리운 그대에게 너무나도 유치한 사랑의
편지한장 날린다 해도 흉되지 않은 가을이다.

추색 깊어 가는 이 가을에 하늘빛 보다
푸른 희망과 단풍보다 붉은 열정으로
한 권의 책을 펼쳐 든 그대는
가을 하늘이 우려내는 최고의 풍경이다.

감사합니다

캄캄한 창문을 닫고
깊이 묵언수행 중인
핸드폰을 흔들어 깨웁니다.
여기저기서 날아온 고마운 인연들의
마지막 조문 인사가
팔랑팔랑 살아납니다.

수고로운 발걸음 해 주시고
통장으로 따뜻한 마음, 남겨주신
정을 생각하며 갚아야 할 은혜를
심비에 새깁니다.

고마운 님들이여!
님들이 옆에 계셨기에
종심의 삶이 행복했습니다.
부디 잘 계시다가
저 아름다운 천성에서 만나기를
고마웠고 사랑합니다.

언제나 늦은 것, 후회

버스는 병원 앞을 지나 사거리에서 신호를 받아 멈춰섰다.
나는 반사적으로 고개를 돌려 그 양반을 찾았다.
그이가 환자복을 입은 모습 그대로 언덕배기 풀밭, 땡볕 아래 앉아 있었다.
난 손으로 햇빛을 가린 채 퉁명스럽게 말했다.
"아니 이 더위에 왜 이러고 있어? 나무 그늘에라도 앉아 있지 않고?" 내 물음을 외면한 채
"왜 이렇게 늦었어? 한참 기다렸구만…"
아기처럼 밤, 낮으로 나만 의지하는 그이가 조금은 버거워진 나는
"내가 언제 시간 말했나? 그냥 들르겠다고 했지."
퉁명스럽게 내뱉고는 금방 미안해진 나는 그이의 팔장을 끼고 병원 로비에 앉았다.
바깥과는 대조적으로 금세 시원해진다.

그이를 혼자 입원시켜놓고 날마다 과일과 음식을 싸서 들여다 보기를 한달쯤에 병원으로부터 연락이 왔다.
섬망이 심해져서 더 이상은 안되겠다며 보호자가 상주하든지 아니면 퇴원을 하라고 한다.

그이의 기침소리, 가래 뱉는 소리에 잠을 설치다 보니 나 역시 많이 지쳐있던 터라 그이가 며칠 병원에 있는 동안 집에서 좀 쉬면서 입, 퇴원을 반복하고 있던 우리는

혼자는 생활이 안 될 때부터 이양반이 소천할 때까지 함께 병원 생활을 했다.

버스가 그 병원 앞을 지날 때마다 8월의 그 무더웠던 날 언덕배기 풀밭에 털썩 앉아서 흐린 시선으로 한없이 한없이 나를 기다리던 그 시린 눈동자를 잊을 수가 없다.

왜 그 더운 햇볕 아래에서 그냥 앉아 있었는지 이제는 알겠다. 나무 그늘에 앉아 있다가 햇볕이 이동했지만 몸이 너무 아프니 자리를 옮겨 앉기도 귀찮고 힘들었을 거라는 것을 자연히 알게 됐다.

말기암 통증 때문에 많이 아파했던 당신!

그런 그 모습으로라도 우리 곁에 몇 달 만이라도 아니 며칠만이라도 더 있어 줬으면 좋았겠다는 생각을 문득문득 한다.

ㅇㅇ아빠!

당신에게 미안한 게 왜 이리도 많고 후회되는 일은 또 왜 이리 많은지요. 미안하고 마음 쓰립니다.

그곳에 무슨 약속이 있었나요?

왜 그리 서둘러 가셨나요?

천국은 아픔도 슬픔도 없으니 살만한가요?

세브란의 병동에서

항암 10차의 날
며칠 전에 찍어놓은 CT 결과는 좋지 않다.
암덩어리는 더 커졌고 한쪽 폐의 3/1를 덮고 있다.
목에도 이상이 있는지 만져지는 게 없냐는 의사의 질문에 눈치 없는 그이는 목은 괜찮다며 아무렇지 않게 대답한다.
기대를 갖고 맞았던 신약을 겨우 두 번 투여했는데 효과가 없다며 다음번엔 새로운 항암제를 맞아야 한단다.
조직검사를 다시 해봐야겠다고 한다.
오늘은 이왕 왔으니 전에 맞았던 항암제를 맞고 가란다.
맞으나마나한 효과도 없는 약을 대기 한 시간 반이나 기다리다 들어간 의자 대기실에는 입실도 못하고 의자에 앉아 주사기를 꽂고 있는 많은 암 환자들이 있다.
항암 9개월 만에 처음으로 저이는 금방 끝난다며 같이 가자고 기다리라고 한다.
그 마음이 어떨지…
이미 각오는 하고 있었지만 맘 아프다.
눈물을 훔치며 바로 옆 비뇨기암센터 의자에 앉아 있는데 민둥머리 아기가 유모차에 앉아서 계속 엄마~ 엄마~~ 운다.
엄마는 아무말 없이 유모차만 밀고 병동을 몇 바퀴 째 돌고 있다.

저 엄마의 마음은 어떨까?

말귀도 못 알아듣는 아기에게 참으라고도 금방 괜찮아질거라고도 어떤 말도 해줄 수 없는

저 어미의 마음을 누가 알까?

왜 이렇게 암환자가 많은 걸까?

저들에 비하면 그래도 우리는 살만큼 살았으니

그나마 위로가 된다고 해야 할까?

어린 아기가 너무 안됐다.

그 엄마는 더 안됐다.

그저 어린이든 어른이든 아프지 않았으면 좋겠다.

어서어서 낫기를 간절한 마음으로 빌며 이 글을

긁적이고 있는 지금, 벌써 1시간이 지났다.

이렇게 기다리고 있는 나를 보면 참참한 저이의 마음이 조금 위로가 될까?

그랬으면 좋겠다.

이제는 호스피스 병동으로

그이와 함께 병원에 살림을 차린지도 달포가 지나고 또 반달이 되어 간다.

섬망이 심해진 그이는 수면제도 안정제도 효과가 미미하다.

침대에 누워있지도, 앉아 있지도 않고 주렁주렁 링거줄을 달고 복도를 배회한다.

비틀비틀 위태로운 걸음걸이로 더러는 넘어지기도 하면서

집에 간다고, 우렁을 잡는다고, 목욕을 한다고 옷을 벗는다.

어느 땐 불이 났다며 자기는 죽어도 좋으니 당신이라도 살아야지 어서 피하라며 소리를 지른다.

본인도 놀라고 다급해서인지 얼굴에는 눈물이 흐른다.

진짜가 아닌 허상들과의 싸움은 얼마나 힘들고 괴로울까?

일반 병실인지라 다리가 부러진 청년, 위가 아픈 사람, 먹지 못해 입원한 노인 등등…

우리는 그분들께 미안하여 밤이면 몇 시간씩 복도를 서성이다가 새벽을 맞곤 했다.

발바닥에서는 불이 나고 전기 코드를 꼽을 수 없기에 모르핀을 조절하는 기계에서는 삐삐거려도 이 양반은 아는지 모르는지 계속 복도를 빙빙 돌고 있다.

그이는 이제 음식을 거의 먹지 않는다.

밥 대신 먹던 빵도 빵 대신 먹던 과자도 먹지 않고 물도 뱉어 내고 가끔씩 소변 실수도 한다.

기저귀를 채우면 빼 버리고 소변 통도 거부한 채 화장실에서 일을 보겠다며 고집을 부려서 소변줄을 달았지만 어느새 빼버리고 가끔씩 자기 옷에도 내 옷에도 실수를 한다.

간호사가 와서 도와주는 것도 한두 번이지

미안해서 수건을 넣어 말리기도 하며 그냥 두기도 하며 더는 못 견디겠다 싶을 때 호스피스 병동에서 연락이 왔다.

여기저기 대기는 걸어 놨지만 암 환자가 왜 그리도 많은지 자리가 나질 않았다.

그렇게 우리는 말기 암 환자들의 마지막 종착역 호스피스 병동으로 이사를 했다.

아직 거기 있나요? · 2

코드블루 코드블루~
500호 코드블루~~
다급한 방송과 함께 산소통을 매고 달리는 사람 뒤로
이동용 침대와 의료진들이 뒤따르고
순식간에 환자를 싣고 시야에서 사라진다
각 병실에서 고개만 삐죽 내밀고 바라보던
관중들의 얼굴 가득 다음엔 내 차례일 수도
있을 거라는 불안함이 밀려오고
막 받아놓은 아침밥은 뚜껑도 열지 않은 채
외로이 병상 식탁을 지키고 있다

정작 딸에게 신세를 지고 있으면서도 밤새 목놓아 큰아들만 찾던
옆방 할머니의 애달픈 목소리와 "살려주세요."를 연발하며
뜬 눈으로 새벽을 선물해 준 이웃사촌의 안부가 궁금하여
자라목 빼고 기웃거려 보지만 언제 그랬냐는 듯 방안 가득
8월의 뜨거운 적요만이 넘실대고 있다

살아 있는 동안
숨을 쉴 수 있다는 것

자유롭게 원하는 곳을 왕래할 수 있는 것
내 손으로 맛있는 음식을 먹고
화장실을 마음대로 드나드는 일
햇빛 가득한 거리를 활보하는 것
사랑하는 가족과 부디끼며 동거하는 것
이 당연한 것들이 당연하지 않은
죽음의 경계선을 넘나드는
구겨진 종이꽃들이 여기 있다

어른거리는 눈으로 얇은 이불 끌어올려
다독다독 덮어 주며
아무것도 대신해 줄 수 없어

ㅇㅇ아빠!
힘들지?
나 여기 있어요.

미안하여 더 슬픈 아침은
명치끝만 후벼대는데
모르핀만이 파란 눈 깜박깜박
극도의 통증을 대신하고 있다.

당신을 보내며…

　호스피스 병동은 생각보다 넓고 깨끗하다.
　의료진과 요양사님들도 친절하다.
　환자복도 갈아입혀주고 대, 소변도 해결되니
　이제서야 한숨 돌릴 수 있었다.
　기저귀에다 일을 볼 수 있게 되기까지는 수 없이 많은 실랑이를 하고 설득시키는 일과 환자가 마지막 자존심을 내려놓기까지 쉬운 일은 아니었다.
　입원 첫날 의사 면담이 있다고 하여 내려갔다.
　의사는 전 병원에서 가져온 의료 기록지를 보고 식사는 하느냐? 잠은 자느냐? 대, 소변은 보느냐? 이것저것 묻더니 "한 달 남았습니다" 한다.
　난 어이가 없어서 "예? 저 사람 지금 멀쩡해요. 자기 발로 걸어 다니고 나도 다 알아 보는데요.?" 반문하다가 이제는 정말 이별인가 싶은 생각에 주체 할 수 없이 눈물이 쏟아졌다.
　한참을 흐느끼는 나를 두고 의사는 이런 일은 날마다 있는 일상인 듯 무심히 할 일을 한다.

　호스피스 병동의 역할은 환자의 통증을 최대한 줄여주고 편안히 가시게 하는 데 있다고 한다.

수면제, 진통제, 모르핀 주사를 시간 시간 놓고도 또 아프다고 하면 득달같이 달려와서 혈관에 진통제를 투여했다.
　그 사이 시어머님과 시누이와 시 이모가 방문했지만 알아보는 듯 해도 큰 반응은 없고 오직 눈은 나만 찾는다.
　친정어머니를 1년간 간호하며 그랬던 것처럼 하루에도 수 십번씩 그 사람 볼에 이마에 뽀뽀하며 "ㅇㅇ아빠! 고마웠고 미안해요. 사랑해요."를 반복했다.
　그이는 정신이 있는 날에는 입술을 쫑긋 내밀며 여기에다 하라며 장난을 치기도 한다.
　입원한지 열흘쯤 의사는 일주일 남았단다.
　이 이는 아직도 의식은 있어서 자꾸 일어났고 어서 집에 가자고만 한다.
　돌아다니면 위험하다며 침대에 3번이나 손을 묶었다.
　"여보! 나 좀 풀어줘 내가 집에 가면 잘 할게."하다가
　"처형 나좀 풀어 줘요." 애원하는 저 양반이 불쌍해서
　마음이 무너진다.
　밤이면 살짝 풀어 놓기를 반복하자 "규칙을 어기면 여기 있을 수 없습니다." 간호사가 겁을 준다.
　얼마나 용을 썼는지 손목에 파랗게 멍이 들었다.
　딸에게 파스를 좀 가져오라고 했지만 가져온 파스를 붙여보지도 못하고 저 양반은 서둘러 갔다.

아파하는 그이의 귀에 대고 기도를 하면 아멘 아멘 대답하던 사람이 목소리도 들리지 않을 때 "이제 3일 남았다"며 임종 실로 가란다.

임종실은 1인실로 국가에서 말기 암 환자에게 베풀어 주는 마지막 배려다.

한 달 전만 해도 면회 온 작은 언니와 형부가 내미는 봉투를 받으며 "내가 얼른 나아서 꼭 갚아야 할 텐데"했던 양반이

이러고 있다니 믿기질 않는다.

딸은 저녁에 26개월 된 손녀를 재워서 사위에게 맡기고 10시경 안양으로 왔다가 밤을 새우고 새벽 4시경 안산으로 돌아가기를 반복했다.

마지막 아빠와도 함께하고 엄마도 좀 쉬라는 효심에서 였겠지만 저토록 숨을 헐떡이는 사람을 앞에 두고 어찌 잠을 잘 수 있겠는가?

정말 의사의 말처럼 임종실 3일 만에 9시간을 코와 입으로 하얀 액체를 쏟아내고 주일 새벽 1시 47분에 가벼운 몸으로 소천했다.

근 한 달을 먹지 않은 사람이 어디서 그 많은 액체가 나오는 걸까?

그것은 위가 기능을 멈추자 폐로 들어간 알부민 영양제였다.

말기 암 환자는 암 때문에 죽는 것이 아니라 내장의 장기가 기능을 멈춰서 사망한다고 한다.

위가 기능을 멈추자 영양제가 폐로 들어가서 환자는 물에 빠져 익사한 것과 같다고…

하여 의식이 없고 잔여수명이 얼마 안 남은 사람은 영양제를 주지 말고 진통제 정도의 조치가 환자에게 더 좋다고 한다.

만 3년 항암 후유증으로 고생고생하다가 그이는 갔다.
그 양반이 가고 나면 좀 홀가분할 줄 알았다.
여기저기 직함만 달아놓고 활동을 못 했던지라 이제 열심히 해야겠다 생각했는데 홀가분 하기는커녕 왜 이리 허전하고 아쉽고 그리운지…
시화호 강변을 걸으며 한없이 한없이 눈물이 난다.
밥을 먹다가도, 그 양반과 함께 했던 장소를 지나다가도
문득문득 그립고 생각난다.
딸은 아빠는 이제 아픔이 없는 천국에서 행복하게 사실테니 울지 말라고 위로하지만 40년 부부의 정은 또 다른가 보다.

두 달 동안 미뤘던 사망신고를 했다.
이것도 기간내에 하지 않을 시 벌금이 있다고 한다.
이제 핸드폰도 정리하고 법적인 일도 다 정리해야겠다.
ㅇㅇ아빠! 이제는 당신을 보내드려야겠네요.
그러나 잊지 않고 기억할게요.
그동안 고생 많았고 정말 고마웠어요.

하늘에 띄우는 편지

아침에 눈을 뜨면 머리맡에 놓여있는 주인 잃은 핸드폰을 펼쳐 들고 배터리는 얼마나 남아 있는지, 혹시 무슨 메시지는 없는지, 부재중 전화라도 와 있는지 습관처럼 확인합니다.

새벽이 깨어나기도 전, 어둑한 시화호 강변을 거닐며 너무도 그리운 그 모습을 생각하면 영원히 볼 수 없다는 상실감에 목 놓아 울기도 합니다.

회자정리라는 말이 있듯이 만남이 있으면 반드시 이별도 있지만 사별은 생각보다 더 큰 아픔이 있다는 것을 깨닫게 됩니다.

40년을 가시버시로 살면서 기쁘기도 하고 아프기도 했던 많은 세월을 어찌 지울 수 있을까요?

시간이 얼마나 더 흘러야 잊을 수 있을까요?

당신이 내게 했던 서운한 것은 하나도 생각이 안 나는데

내가 당신에게 잘못했던 일들만 뼈가 아프게 후회되고 생각나는 건 무슨 형벌일까요?

그리 허망하게 가버릴 줄 알았더라면…

팔월 염천, 그 무더위에 가시더니 오늘은 오락가락 가을비가 내리네요
스륵스륵 풀벌레 울음소리는 당신이 부르는 듯 정겹기만 합니다
○○ 아빠!
부디 편히 계시다가 나도 하늘의 부름을 받는 그날에
다시 만나기로 해요.
그립고 고마운 당신을 잊지 않겠습니다.
여보!
많이 그립습니다.

에필로그

가을의 중간에 서 있습니다.
붉은 단풍을 기대했지만
미처 물들지도 못하고 떨어진 잎들은
바싹 마른 낙엽으로 산책길에 뒹굴고 있습니다.
쌓인 낙엽 속에서 깊은 가을 냄새가 납니다.
결코 싫지 않은 냄새를 맡으며
세상에서의 삶도 반드시 끝이 있음을 기억합니다.
그 끝을 향해 가고 있는 여정이 외롭지 않기를,
후회가 없기를, 평안한 여정이 되기를 기도합니다.

남편을 보내며 물심양면 애쓰고 아파했던 사위와 딸에게 사랑과 고마움을 전합니다.

모든 장례 절차를 끝까지 마무리해 주신 안양 충훈부교회 목사님과 임직자, 집사님들께도 감사합니다.

특별히 새벽마다 무릎으로 중보해 주신 사모님께도 큰 감사를 드립니다.

아울러 딸 가족이 섬기고 있는 안산 호수중앙교회 목사님과 함께해 주신 여러분께도 깊은 감사를 올립니다.

광주에서 4년을 새벽을 밝혀 기도해 주신 이종사촌 오빠와 동갑내기 사촌동생에게도 뜨거운 감사를 전합니다.

쉽지 않은 일인데 변함없는 관심과 사랑, 고맙습니다.

일일이 기술할 수 없는 많은 분들의 따뜻한 사랑을 어찌 다 잊을 수 있을까요?

그저 감사합니다.

주님의 크신 은혜와 사랑이 가정마다 넘치기를 손 모으며 고맙습니다.

사랑합니다.

백미숙 시집

이쁘지 않았기에 너는 유죄다

초판1쇄발행 2024년 12월 24일

지 은 이   백미숙
펴 낸 이   양상구
웹디자인   김초롱
펴 낸 곳   도서출판 채운재
주   소   우) 01314 서울시 도봉구 시루봉로 15라길 38-39 301호
전   화   02-704-3301
팩   스   02-2268-3910
H · P   010-5466-3911
E.mail   ysg8527@naver.com

ISBN 979-11-92109-83-1(03810)

정 가 12,000원

작가와의 협의하에 인지는 생략합니다
파손 및 잘못된 책은 교환해 드립니다